ÉTUDE SUR 140 CAS

DE

CATHÉTÉRISME CYSTOSCOPIQUE

DES URETÈRES

Technique opératoire. Indications.

PAR

Octave PASTEAU

Interne (médaille d'or) de la Clinique des voies urinaires à l'hôpital Necker.

Communication faite à la troisième session de l'Association française d'Urologie, Paris 1898.

CLERMONT (OISE)
IMPRIMERIE DAIX FRÈRES
3, PLACE SAINT-ANDRÉ, 3
—
1899

ÉTUDE SUR 140 CAS

DE

CATHÉTÉRISME CYTOSCOPIQUE

DES URETÈRES

ÉTUDE SUR 140 CAS

DE

CATHÉTÉRISME CYSTOSCOPIQUE

DES URETÈRES

Technique opératoire. Indications.

PAR

Octave PASTEAU

Interne médaille d'or de la Clinique des voies urinaires à l'hôpital Necker.

Communication faite à la troisième session de l'Association française d'Urologie, Paris 1898.

CLERMONT (OISE)

IMPRIMERIE DAIX FRÈRES

3, PLACE SAINT-ANDRÉ, 3

1899

ÉTUDE SUR 140 CAS

DE

CATHÉTÉRISME CYSTOSCOPIQUE
DES URETÈRES

PAR

Octave PASTEAU

Interne médaille d'or de la Clinique des voies urinaires à l'hôpital Necker.

Les quelques réflexions que j'ai l'honneur de vous présenter aujourd'hui sur la technique et les indications du cathétérisme cystoscopique des uretères sont basées sur une série de 140 observations personnelles que j'ai recueillies pour la plupart à la clinique de Necker dans le service de mon maître, M. le Prof. Guyon. J'aurais pu sans doute baser cette étude sur un nombre beaucoup plus considérable d'observations, si j'avais voulu tenir compte de tous les cas de cathétérisme que j'ai vu pratiquer jusqu'ici, mais j'ai pensé qu'il valait mieux ne parler que de ma pratique personnelle ; il s'agit de malades que je connais mieux et que j'ai pu suivre plus complètement.

La *technique* du cathétérisme cystoscopique des uretères est maintenant bien réglée, depuis les travaux qui ont été publiés sur ce sujet soit à l'étranger, soit en France. Aussi bien, je ne veux pas la reprendre dans tous ses détails, mais insister seulement sur certains points qui n'ont peut-être pas jusqu'ici été mis assez en relief.

Après avoir dit quelques mots du choix de l'instrument et des sondes, je parlerai brièvement de quelques précautions nécessaires pour introduire facilement la sonde dans l'uretère et la pousser jusqu'au rein.

CHOIX DE L'INSTRUMENT. — J'ai employé, pour ainsi dire d'une façon exclusive, l'instrument qu'a fait construire M. Albarran, et qu'il présentait l'année dernière à ce congrès (1). Si après avoir eu en mains les divers appareils qui ont été proposés pour le cathétérisme des uretères, je me suis arrêté à ce dernier, c'est parce qu'il m'a semblé le plus pratique et celui qui permet d'arriver aux meilleurs résultats ; le dernier instrument de Nitze mérite, d'ailleurs, une mention spéciale ; son introduction est facile et il possède aussi un onglet mobile ; cependant il ne permet pas de faire l'irrigation de la vessie en laissant la sonde en place et surtout le mécanisme qui sert à manœuvrer l'onglet m'a paru ne pas permettre des mouvements assez étendus de la sonde, si on ne veut pas s'exposer à désengrener complètement la tige mobile de la roue qui sert à l'actionner.

CHOIX DES SONDES. — Les sondes que j'ai utilisées sont des *sondes à bout rond* et *des sondes coniques à extrémité olivaire*. A ce propos, je tiens à faire remarquer qu'on a, au début, une tendance malheureuse à employer ces dernières, considérant que, grâce à leur forme, elles doivent pénétrer plus facilement dans l'orifice urétéral ; mais là n'est pas le but : il faudrait les pousser jusqu'au rein, et la pratique démontre que les sondes à bout rond, dont l'extrémité est plus grosse, paraissent déplisser plus facilement les parois du canal pour pénétrer jusqu'au bassinet.

Je crois que la sonde-bougie ne présente un véritable avantage que dans les cas où l'uretère se trouve atrésié dans ses deux premiers centimètres à partir de l'orifice vésical.

Le plus ordinairement, l'uretère accepte la sonde à bout rond n° 7, parfois le n° 6 ; quelquefois, par contre, on peut

(1) ALBARRAN.— Cystoscope pour le cathétérisme des uretères, *Assoc. franç. d'urologie*, 2º session, p. 446.

introduire dès le premier cathétérisme un n° 8, je dis dès le premier cathétérisme, car il est de règle que ce numéro peut être employé au second ou au troisième sondage.

PRÉPARATION DE LA VESSIE. — Je dois dire d'abord que jamais je n'ai été obligé d'employer d'*anesthésie* soit locale soit générale dans mes 140 cas ; l'opération est très facilement supportée par les malades, même les plus craintifs.

Comment doit-on préparer la vessie ?

A moins de contre-indications spéciales *il faut introduire dans la vessie 150 gr. de liquide*. Cette quantité me paraît suffisante dans la plupart des cas, chez la femme du moins, car *chez l'homme il est plus commode de remplir la vessie de 200 gr.* d'eau boriquée, à cause de la saillie de la prostate. Il en est de même chez la femme dans les cas où on se trouve en présence de ces vessies énormes, scléreuses, dont les colonnes rappellent absolument les vieilles vessies des prostatiques. Je dois cependant ajouter qu'il est possible d'introduire une sonde dans l'uretère, la vessie contenant moins de liquide encore ; une fois j'ai réussi dans une vessie contenant 100 gr., deux autres fois dans une vessie ne contenant que 80 grammes. A ce propos, je puis même rapporter en quelques mots une observation dans laquelle le cathétérisme a été pratiqué alors qu'il existait une fistule vésico-vaginale par où le liquide vésical s'écoulait sans cesse.

Il s'agit d'une femme de 46 ans qui, 15 mois auparavant, avait subi une hystérectomie vaginale pour annexites, et qui avait gardé à la suite de cette opération une fistule vésico-vaginale pour laquelle on avait fait 4 opérations consécutives avec un résultat incomplet. M. Gérard Marchant, qui l'observa en dernier lieu, l'envoya à Necker pour qu'on explorât l'uretère gauche, le rein de ce côté étant devenu gros et douloureux. Quand on remplissait la vessie, le liquide s'écoulait assez rapidement par la fistule ; néanmoins je pus, après avoir introduit 150 gr. de liquide, opérer assez rapidement pour constater que l'uretère s'ouvrait tout près de la zone cicatricielle formée à la suite des diverses opérations ; j'ai même pu, par deux fois, faire le cathétérisme de cet uretère et laisser une sonde à demeure pour me rendre compte de l'état fonctionnel du rein.

Cathétérisme de l'uretère. — Quand on opère toujours avec une vessie remplie d'une même quantité de liquide, il devient facile de trouver très rapidement les orifices urétéraux ; on a, au début, de la tendance à pousser trop l'instrument dans la vessie, et on pourrait presque dire ici que *quand on ne voit pas l'uretère, c'est que le cystoscope est trop enfoncé.* Il faut regarder non loin du col et pour une vessie remplie de 150 gr., incliner le bec de l'instrument (ou le bouton indicateur placé sur la portion optique) d'environ 35° sur l'horizontale, le cystoscope étant lui-même antéro-postérieur et dans le plan horizontal.

Je n'insiste pas sur la manière d'*engager l'extrémité de la sonde dans l'orifice urétéral*, je veux dire seulement, que quand on a placé le cystoscope de façon à bien voir l'uretère et la sonde qui arrive dans sa direction, il est de toute nécessité, pour réussir rapidement, de n'agir sur la sonde qu'avec une seule main, l'autre restant immobile et fixant l'instrument qui ne doit absolument plus bouger. Pour cathétériser l'uretère droit, on fixe l'instrument de la main droite, et on actionne la sonde de la main gauche ; de même pour cathétériser l'uretère gauche, la main fixatrice est la main gauche. Si on opère ainsi, et si on ne fait subir à la sonde que de très petits déplacements, la poussant et l'inclinant alternativement très peu à la fois, on est certain d'arriver très vite au résultat ; quelques minutes suffisent dans la plupart des cas.

La sonde étant introduite, il reste à la faire avancer jusqu'au rein. Pour cela, il faut la pousser sous le contrôle de la vue, très doucement, en maintenant toujours l'appareil dans sa position avec la main fixatrice ; la sonde se trouve ainsi poussée dans la direction qu'on lui a donnée pour l'introduire. Dès que l'écoulement rénal se produit, il faut s'arrêter ; si on voit la sonde se coudre à l'orifice urétéral dans la vessie, il suffit de la retirer d'un 1/2 cm. environ pour qu'elle soit bien placée.

Quelques incidents peuvent survenir : ou bien la sonde ne pénètre pas jusqu'au bassinet, ou bien, placée dans le rein, elle ne laisse pas couler de liquide. Voyons pourquoi.

Si la sonde ne pénètre pas jusqu'au rein, c'est qu'elle bute dans l'uretère contre un pli ou une coudure ; à ce propos, je crois utile de dire que plusieurs fois j'ai pu réussir à *pousser la sonde seulement après avoir fait soulever et réduire dans sa loge le rein descendu* ; dans un cas en particulier, chez une malade du service de M. le Dr Monod, à l'hôpital Saint-Antoine, j'ai vidé ainsi un rein qui contenait 85 gr. de pus franc.

DIFFICULTÉS D'ÉVACUATION DU REIN. — Même introduite dans un rein en rétention, la sonde parfois ne donne pas liquide et cela peut tenir

1° à la sonde elle-même,

2° au liquide rénal.

1° *La sonde peut être obstruée*, c'est alors la faute de l'opérateur qui n'en a pas vérifié auparavant la perméabilité.

Une sonde perméable peut avoir ses yeux bouchés parce qu'ils sont appliqués directement sur la muqueuse du bassinet : il suffit alors ordinairement de la déplacer un peu.

Enfin, elle peut être obstruée par une bulle d'air qui forme bouchon. Pour éviter cet inconvénient, il suffit, avant d'introduire la sonde dans l'orifice urétéral, de laisser échapper par cette sonde urétérale quelques gouttes de l'eau boriquée contenue dans la vessie, et après avoir pris cette précaution, d'en fermer l'extrémité soit avec le doigt d'un aide, soit avec un petit fosset. Ce petit détail a son importance.

2° *Le liquide contenu dans le bassinet peut être trop épais* ; c'est ainsi que chez trois malades j'ai vu sortir de l'uretère des gouttes de pus qui ressemblaient à de véritables gouttes de suif et qui formaient de petites masses arrondies qui s'étageaient sur le fond de la vessie, en dehors de l'orifice urétéral ; dans ces cas, j'ai poussé par la sonde quelques grammes d'eau boriquée au moyen d'une seringue à instillation ; j'ai pu faire sortir un peu de liquide ; dès le lendemain, le rein pouvait se vider au moins en partie ; le liquide était devenu moins épais, le lavage du bassinet était devenu possible.

INCONVÉNIENTS ET DANGERS. — Ainsi employé, le cathétérisme des uretères présente peu de difficultés et avec quelque habitude, ce mode d'exploration devient véritablement pratique. Pour ma part, une douzaine de fois seulement, je n'ai pu réussir dès le premier essai, et je dois ajouter que c'était surtout au début de ma pratique.

On a beaucoup parlé, dans ces derniers temps surtout, des contre-indications et des dangers du cathétérisme des uretères. Je crois qu'il y a eu de ce côté quelque exagération. Il est évident qu'il y a des cas où on ne doit pas songer au cathétérisme urétéral, par exemple quand le malade est en état d'infection grave. Autrement, je crois peu aux difficultés et accidents sérieux. Sans doute, l'infection peut exister et comme il est impossible de connaître à priori la virulence des microbes contenus dans l'uretère, on peut parfois assister à une exagération des symptômes d'infection ; il en est de même d'ailleurs pour les cathétérismes de l'urèthre ; mais si on ne peut dire qu'on n'aura jamais d'accident, par contre, on peut affirmer que ces accidents sont bien rares. Sur mes 140 cas, je n'ai pas constaté une seule fois d'infection cliniquement appréciable, imputable au cathétérisme. Je dois ajouter que la plupart de mes malades n'étaient pas hospitalisés et venaient à la consultation externe de la clinique ; si je ne les ai pas vus tous le soir même de l'intervention, je les ai vus le lendemain matin et les jours suivants, et je n'ai rien pu noter à ce sujet. Une seule fois j'ai craint l'infection, et voici dans quelle circonstance.

Une femme de 37 ans vient consulter pour des douleurs lombaires droites ; on a fixé le rein droit dans un service voisin deux ans auparavant ; il me semble néanmoins sentir le rein jusqu'à l'épine iliaque et un peu gros ; je fais le cathétérisme descendu pour voir s'il n'existe pas de rétention ; je trouve des urines légèrement troubles ; le lendemain la malade revient, se plaignant toujours de son côté et accusant des troubles gastriques avec un malaise général. Je fais de suite à nouveau le cathétérisme et je trouve que l'urine du rein est plus claire que précédemment ; néanmoins je fais entrer la malade à l'hôpital ; pas de température ; le soir la malade prenait son repas avec appétit ; la langue était propre, il n'y avait pas de fièvre. Le lendemain tout était rentré dans l'ordre.

Ainsi donc, pour en finir sur ce sujet, je crois qu'on a bien peu à craindre ordinairement si on se sert d'instruments stérilisés, si on fait précéder le cathétérisme urétéral d'un lavage soigné de la vessie à l'eau boriquée, si on le fait suivre d'un autre lavage vésical au nitrate d'argent à 1 $^0/_{00}$ et si, en retirant la sonde urétérale, on a soin d'injecter en même temps dans l'uretère un peu d'eau boriquée pour laver en quelque sorte le conduit tout en retirant la sonde.

LE CATHÉTÉRISME DES URETÈRES COMME MOYEN DE DIAGNOSTIC.

Le cathétérisme urétéral n'étant pas dangereux, son utilité devient de plus en plus évidente. Je ne veux pas passer en revue toutes ses indications si bien étudiées en particulier dans la thèse de mon excellent ami le Dr Imbert[1], professeur agrégé à la Faculté de Montpellier, ni rapporter ici toutes mes observations, mais en citer seulement quelques-unes qui montreront, par des exemples, comment j'ai pu résoudre quelques questions de clinique dans des cas embarrassants.

---

[1] IMBERT : Le cathétérisme des uretères par les voies naturelles. Thèse Paris, 1897.

Le rein est-il malade ?

1° On se trouve en présence d'une tumeur abdominale dont la nature est douteuse ; on peut faire le diagnostic dans certains cas par le cathétérisme urétéral. Ainsi sur une malade de 25 ans soignée à la clinique chirurgicale de l'hôpital de la Charité dans le service de mon maître, M. le professeur Tillaux, on trouvait une tumeur liquide dans la région lombaire droite, et le diagnostic restait douteux entre l'hydronéphose et le kyste hydatique de la face inférieure du foie ; le cathétérisme montra que le rein droit n'était pas en rétention et qu'il donnait une urine semblable à celle du rein opposé comme quantité et qualité ; l'opération démontra qu'il s'agissait d'un kyste hydatique faisant saillie à la face inférieure du foie.

2° S'il existe des signes de lésions qui peuvent être attribuées cliniquement à la vessie et au rein, le cathétérisme urétéral permet de dire si le rein est atteint ; plusieurs fois j'ai pu faire le diagnostic de pyélonéphrite dans ces conditions.

Quel est le rein malade ?

Une femme de 68 ans vient à la consuttation à l'hôpital Necker avec des urines très troubles, et se plaignant d'une douleur vive dans la région lombaire *gauche* ; la vessie admet facilement 150 gr. de liquide et le cathétérisme urététral démontre que le rein droit donne des urines franchement troubles : on la traite par des lavages de rein *droit*, les urines deviennent plus claires en même temps que les douleurs lombaires *gauches* diminuaient.

Quelle est la nature de la lésion rénale ?

Sans parler d'un cas de néoplasme rénal droit où je pus retirer du rein une urine très sanglante, je dirai un mot des rétentions rénales.

Dans 9 cas j'ai constaté la présence de rétentions rénales purulentes, je reviendrai dans un instant sur ce sujet à propos du traitement.

La *rétention rénale aseptique* mérite une mention spéciale; dans les ptoses rénales, la rétention existe souvent, la quantité de liquide est variable suivant les cas ; d'ailleurs, chez une même malade, elle peut varier d'un jour à l'autre ; le cathétérisme modifie avantageusement la rétention en faisant diminuer la quantité du liquide et si je me reporte aux observations que j'ai faites, je crois pouvoir dire que *la constatation d'une rétention de 15 gr. persistant malgré le cathétérisme devient une indication opératoire ;* d'ailleurs, l'analyse du liquide rénal doit toujours être faite comme l'ont indiqué MM. Guyon et Albarran (1).

Quelle est la valeur physiologique comparée des deux reins ?

Chez une malade que j'ai observée dans le service de M. le Prof. Tillaux, j'ai trouvé des résultats qui ont amené à pratiquer la néphrectomie d'un rein tuberculeux ; l'observation complète sera publiée incessamment.

Quel est l'état de l'uretère ?

Passant rapidement sur une observation d'*uretère double* avec cathétérisme des deux conduits juxtaposés, je voudrais dire un mot des *rétrécissements de l'uretère*.

Ce diagnostic très difficile à poser peut cependant, à mon sens, être affirmé dans les circonstances suivantes que j'ai rencontrées 3 fois.

La sonde à bout rond n° 7 ne peut pénétrer ; on introduit avec peine une sonde bougie n° 6 sur une longueur de 1 à 2 cm., puis on ne peut la pousser plus loin ; elle est engagée comme parfois la bougie filiforme dans un rétrécissement serré de l'urèthre ; en la retirant, on voit la sonde amener avec elle un cône de muqueuse ; il semble que l'uretère se retourne en doigt de gant ; on a sous les yeux un petit cône saillant dans la vessie et du sommet duquel sort

---

(1) Guyon et Albarran. Physiologie pathologique des rétentions rénales. (*Assoc. fr. d'urol.* 1897, p. 11.)

la sonde fortement serrée. Si, au lieu d'un rétrécissement, on se trouvait en présence d'une bride, d'un pli sur lequel aurait buté l'extrémité de la sonde, on n'aurait rien de semblable et la bougie sortirait facilement de l'orifice urétéral.

LE CATHÉTÉRISME DES URETÈRES COMME MOYEN DE TRAITEMENT.

Après avoir aidé au diagnostic, le cathétérisme sert au traitement ; *l'uretère est dilaté* peu à peu par le passage répété et le séjour de la sonde qui peut souvent y rester à demeure sans aucun inconvénient.

S'il s'agit d'une *rétention rénale même purulente*, et si l'uretère est resté perméable, on peut presque toujours la vider sinon au premier essai, du moins aux suivants, quand l'uretère est élargi et que l'injection de liquide dans le bassinet a amené le contenu de la poche à une consistance moins épaisse.

Le traitement des rétentions rénales purulentes et des pyélonéphrites par le lavage du bassinet est une méthode destinée à donner des résultats inattendus. Peu nombreuses en sont encore les observations ; je pourrais en rapporter plusieurs, mais M. Albarran va se charger lui-même de vous en parler dans un instant.

Conclusions. — En somme, je crois pouvoir, en terminant cette communication, formuler les conclusions suivantes :

Pratiqué avec un bon instrument, le cathétérisme cystoscopique des uretères devient très rapidement, aux mains de tous, une opération facile ; fait avec précaution, il n'est pas dangereux ; son utilité est incontestable et les services qu'il rend pour le diagnostic et le traitement des affections des uretères et des reins, en fait une méthode que tout chirurgien peut et doit connaître.

Clermont (Oise).— Imprimerie Daix frères.

www.ingramcontent.com/pod-product-compliance
Lightning Source LLC
Chambersburg PA
CBHW071417060426
42450CB00009BA/1928